ENCYCLOPÉDIE INDUSTRIELLE
Fondée par M.-C. Lechalas, Inspecteur général des Ponts et Chaussées en retraite

VERRE ET VERRERIE

PAR

Léon APPERT et Jules HENRIVAUX
INGÉNIEURS

ATLAS

PARIS
GAUTHIER-VILLARS ET FILS, IMPRIMEURS-LIBRAIRES
DE L'ÉCOLE POLYTECHNIQUE, DU BUREAU DES LONGITUDES, ETC.
Quai des Grands-Augustins, 55

1894

VERRE ET VERRERIE

TABLE DES PLANCHES

VERRE A BOUTEILLES, VERRE A VITRES _ ANCIENS FOURS CHAUFFÉS AU BOIS.

Fig. 1._Four à verre à vitres, chauffé au bois. Élévation.

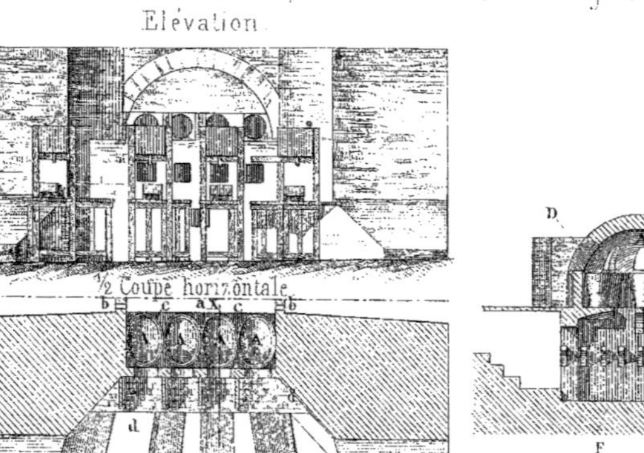

Fig. 2._ Four des verreries de Bohême, chauffé au bois.

Fig 3._ Four à bouteilles, chauffé au bois.

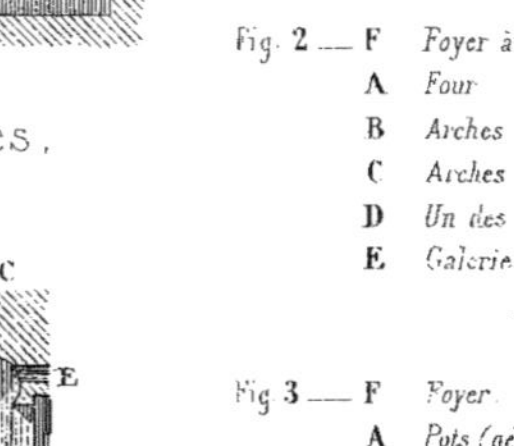

Légende.

Fig. 1.__ a Foyer à bois.
- b Ouvertures pour le chargement des billettes.
- c Banquettes ou sièges des pots.
- d Ouvreaux pour le cueillage du verre.
- A Pots.
- B Fosses profondes pour la manœuvre de la canne.
- C Pont sur lequel se trouvent les verriers.
- D Marbre ou bloc en bois creusé.
- E Bâche remplie d'eau pour rafraîchir les cannes.

Fig. 2.__ F Foyer à bois.
- A Four.
- B Arches ordinaires pour les pots.
- C Arches à sécher le bois.
- D Un des ouvreaux de travail.
- E Galerie pour le service du foyer.

Fig 3.__ F Foyer.
- A Pots (généralement de forme ronde).
- B Ouvreaux de travail.
- C Arches pour les pots et pour le frittage des matières.
- D Entrée des fumées dans les arches.
- E Sortie des fumées des arches.

Imp. des Arts et Manufactures, 12, Rue Paul Lelong, Paris.

VERRE A BOUTEILLES.-VERRE A VITRES.-CRISTAL

Fig. 1 et 2. Anciens fours à chauffage direct par la houille.

Fig. 1.-Four à la houille pour verre à bouteilles et verre à vitres.

Coupe verticale suivant YY.

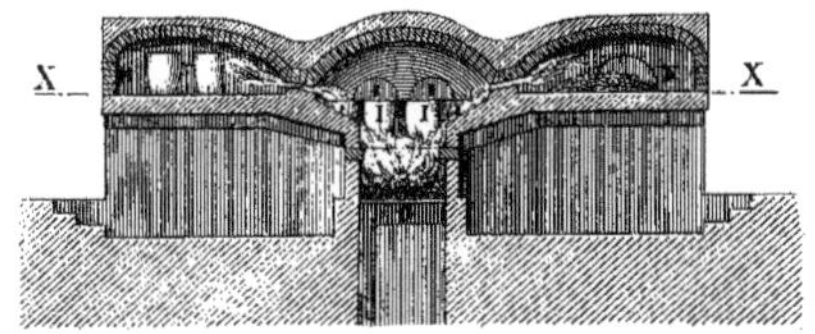

Coupe horizontale suivant XX.

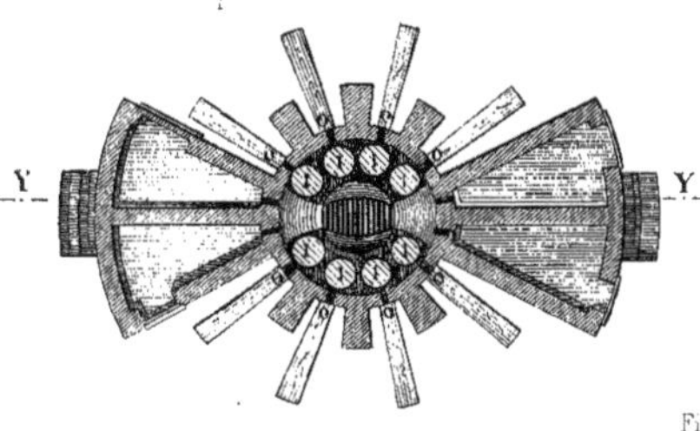

Fig. 2.-Four de Cristallerie à chauffage direct par la houille.

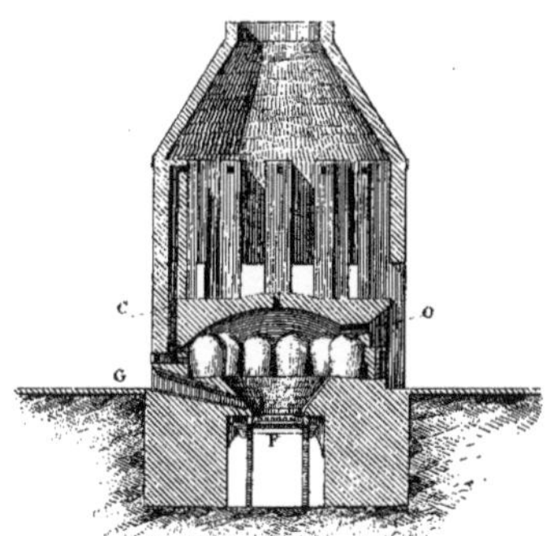

Fig. 3.-Four Boëtius formant la transition entre les anciens fours à houille et les fours à gaz régénérateurs.

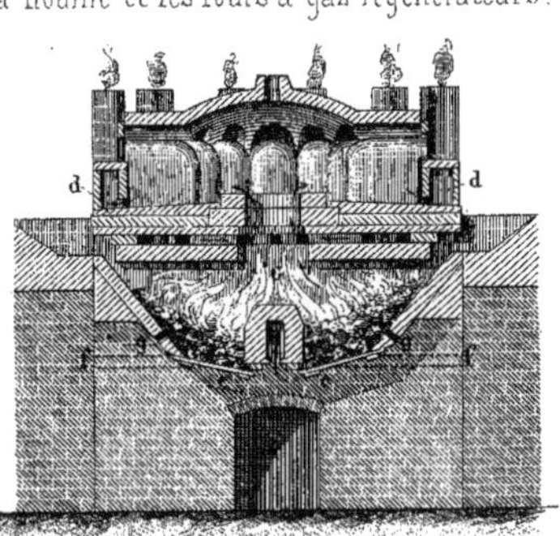

Légende.

Fig. 1.— G *Grille ou foyer.*
F *Banquette supportant les creusets.*
I *Creusets.*
NN *Arches à creusets, et de frittage.*
OO *Ouvreaux de travail.*

Fig. 2.— F *Foyer.*
G *Galerie pour le chargement du combustible.*
C *Cheminée d'évacuation des fumées.*
O *Ouvreau de travail.*

Fig. 3.— G *Gazogène producteur d'oxyde de carbone.*
ee *Grilles du gazogène.*
bff *Prises d'air froid pour le refroidissement des parois du gazogène. Cet air ainsi réchauffé vient sortir en* **aa**, *où il sert à la combustion.*
d. *Carneaux d'échappement des fumées.*
gg. *Prises d'air supplémentaires permettant d'activer ou de modérer l'allure du gazogène.*

Imp. des Arts et Manufactures, 12, Rue Paul Lelong, Paris.

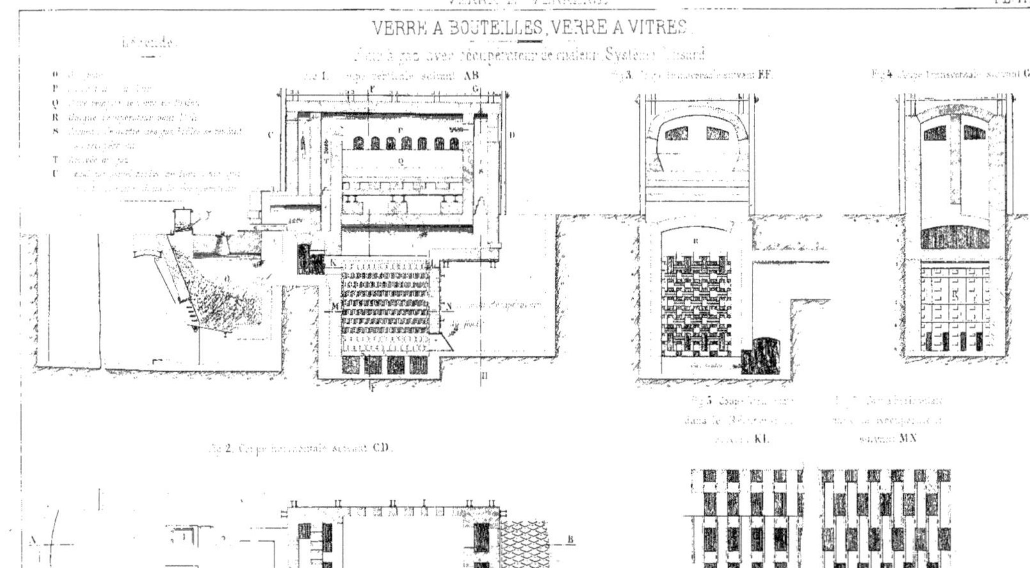
VERRE A BOUTEILLES, VERRE A VITRES.
Fig. 1. ... suivant AB
Fig. 3. ... suivant EF
Fig. 4. ... suivant GH
Fig. 2. ... suivant CD
... suivant KL
... suivant MN

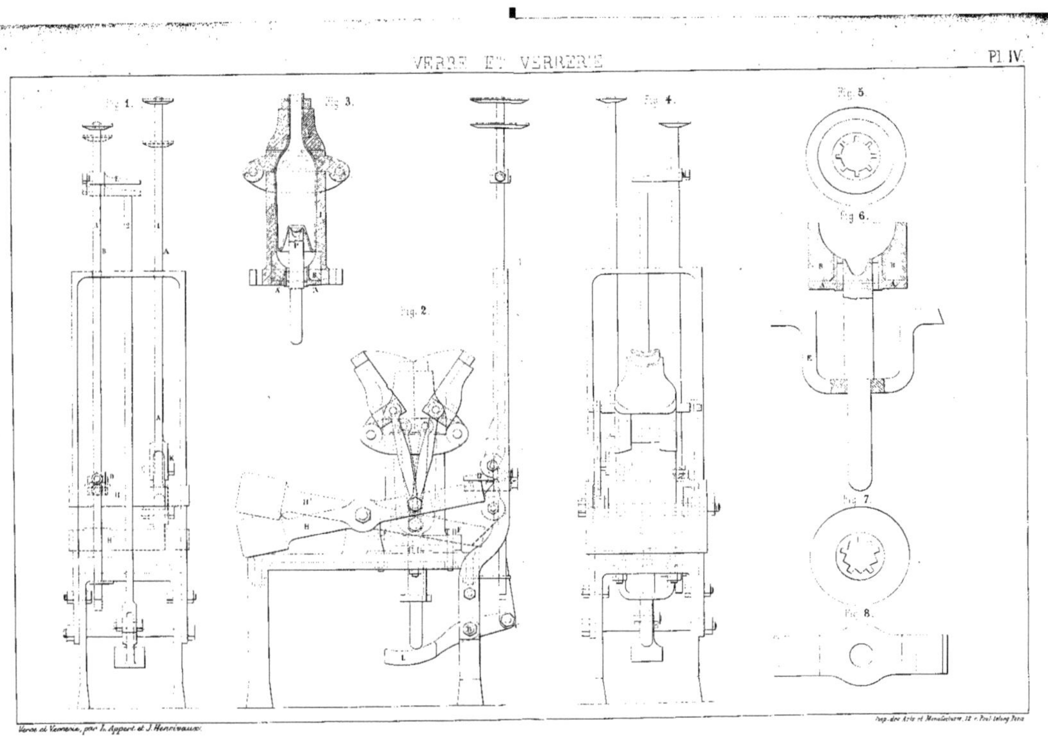
VERRE ET VERRERIE
Pl. IV.
Fig. 1.
Fig. 2.
Fig. 3.
Fig. 4.
Fig. 5.
Fig. 6.
Fig. 7.
Fig. 8.
Verre et Verrerie, par L. Appert et J. Henrivaux.

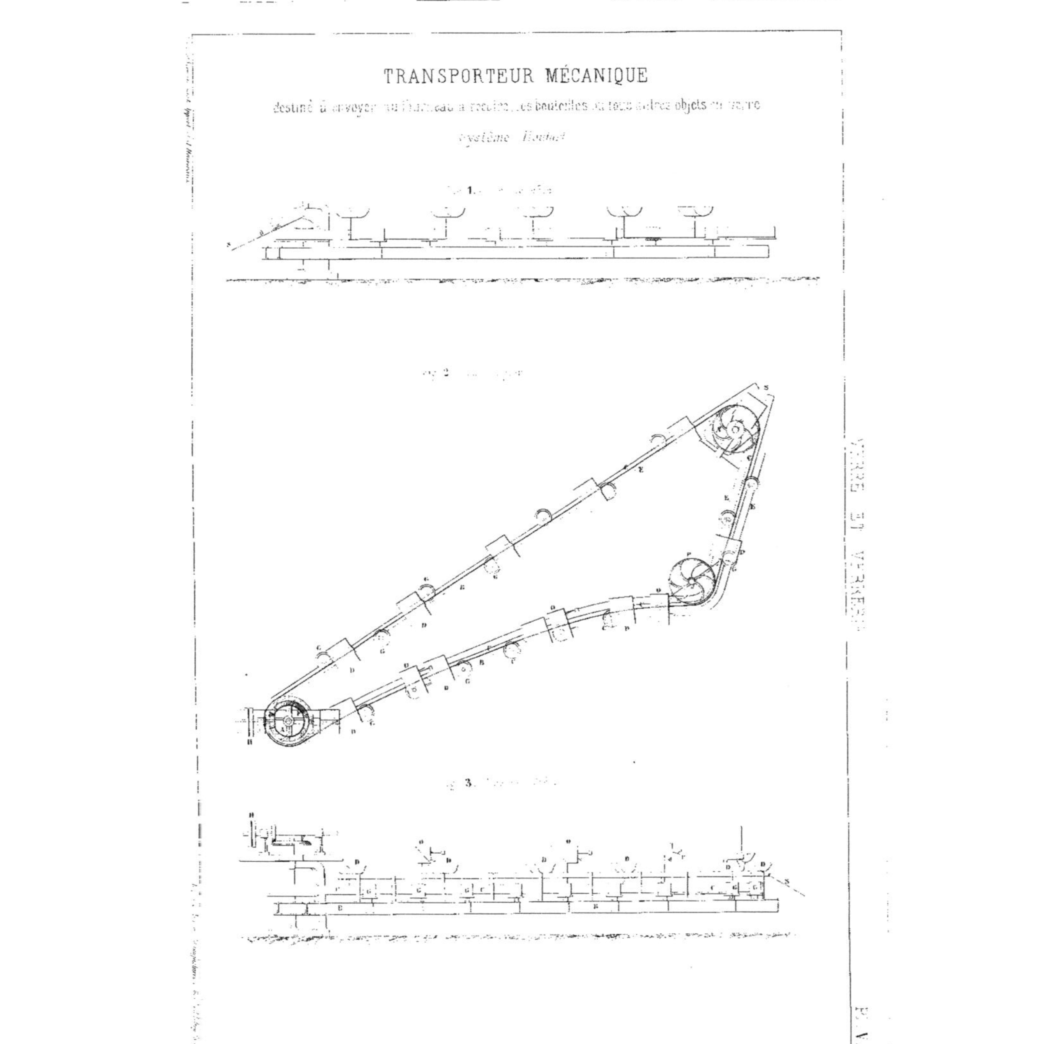
TRANSPORTEUR MÉCANIQUE
destiné à envoyer au fourneau à recuire les bouteilles et tous autres objets en verre
Fig. 1.
Fig. 2.
Fig. 3.

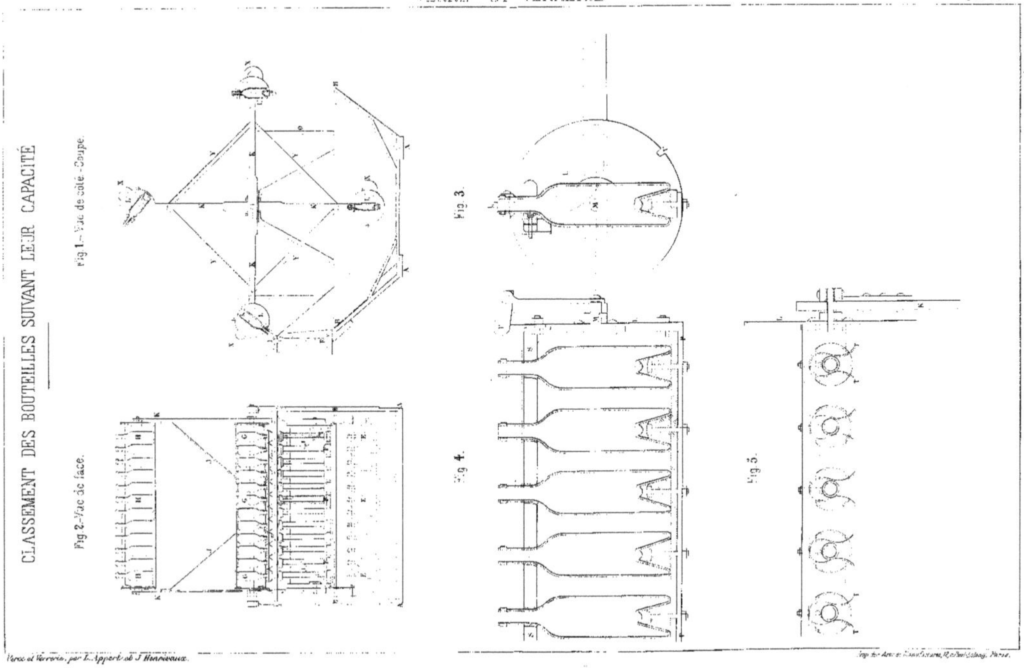
CLASSEMENT DES BOUTEILLES SUIVANT LEUR CAPACITÉ
Fig. 1. – Vue de côté - Coupe.
Fig. 2. – Vue de face.
Fig. 3.
Fig. 4.
Fig. 5.

Verre et Verrerie, par L. Appert et J. Henrivaux.

Imp. des Arts et Manufactures, Paris.

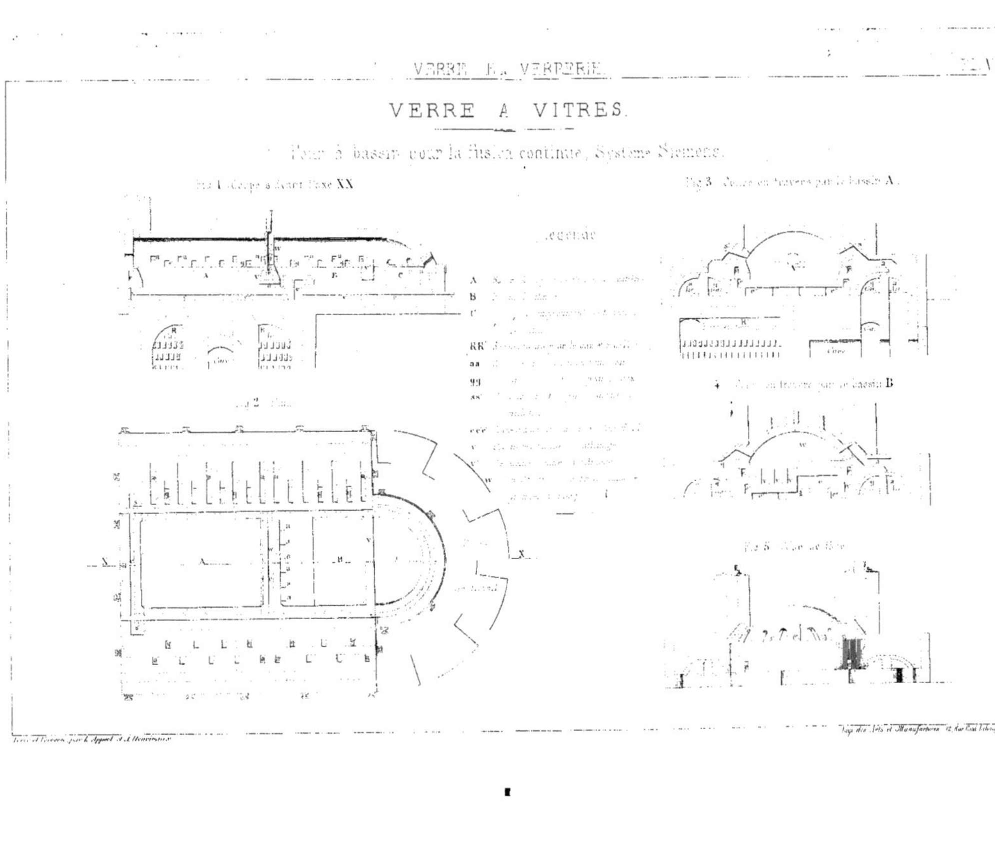
VERRE ET VERRERIE
Pl. VII
VERRE A VITRES.
Four à bassin pour la fusion continue, Système Siemens.
Fig. 3. Coupe en travers par le bassin A.
Légende
Fig. 2. Plan
Fig. 5.

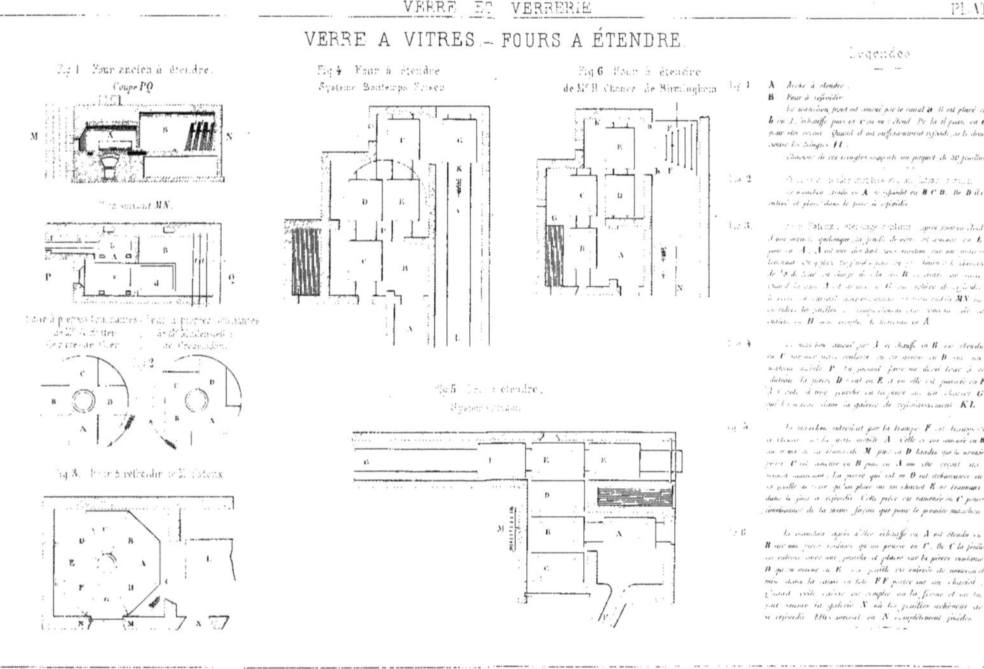
VERRE A VITRES. – FOURS A ÉTENDRE.
Fig. 1. Four ancien à étendre.
Coupe PQ
Coupe suivant MN.
Fig. 4. Four à étendre
Fig. 6. Four à étendre
Fig. 3. Four à refroidir
Fig. 5. Four à étendre.
Légendes
A Arche à étendre.
B Four à refroidir.

FOUR DE FUSION POUR GLACERIES

chauffé au gaz, avec Régénérateurs système Siemens.

Coupe suivant EFNO. Coupe suivant EFGH. Coupe suivant IKLM.

Plan-Coupe suivant ABCD. Coupe suivant IKPR.

Long^r totale int^{re} 9.24

Largeur int^{re} 3.40

Long^r totale 10.28

Légende.

A.A'	Régénérateurs à air.
C.C'	Régénérateurs à gaz.
XX	Orifices pratiqués dans la sole du four et servant alternativement à l'entrée du gaz et de l'air, et à l'évacuation des produits de la combustion.
T	Poche à verre.
S	Ouvreaux pour l'entrée et la sortie des creusets.
V	Portes mobiles fermant les ouvreaux S.

Imp. des Arts et Manufactures, 12, Rue Paul Lelong, Paris.

VUE GÉNÉRALE D'UNE HALLE DE GLACERIE.

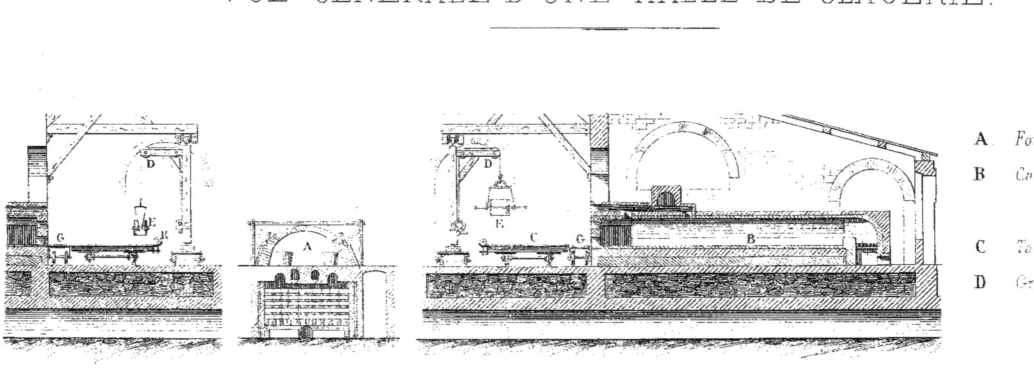

Légende.

- **A** Four de fusion.
- **B** Carcaise à recuire les glaces
- **C** Table de coulée.
- **D** Grue pour le transport et la manœuvre des creusets.
- **E** Creuset.
- **F** Tenailles pour suspendre les creusets et les renverser au-dessus de la table.
- **G** Chariot recevant le couleau après le laminage de la glace.

Imp. des Arts et Manufactures, 12, Rue Paul Lelong, Paris.

CARCAISE POUR RECUIRE LES GLACES.

Légende.

S Sol de la carcaise, constitué par des briques posées de champ.

V Voûte.

C Sortie des gaz brulés.

R Canal collecteur recevant les fumées d'une batterie de carcaises.

Verre et Verrerie, par L. Appert et J. Henrivaux.

Imp. des Arts et Manufactures, 12, Rue Paul Lelong, Paris.

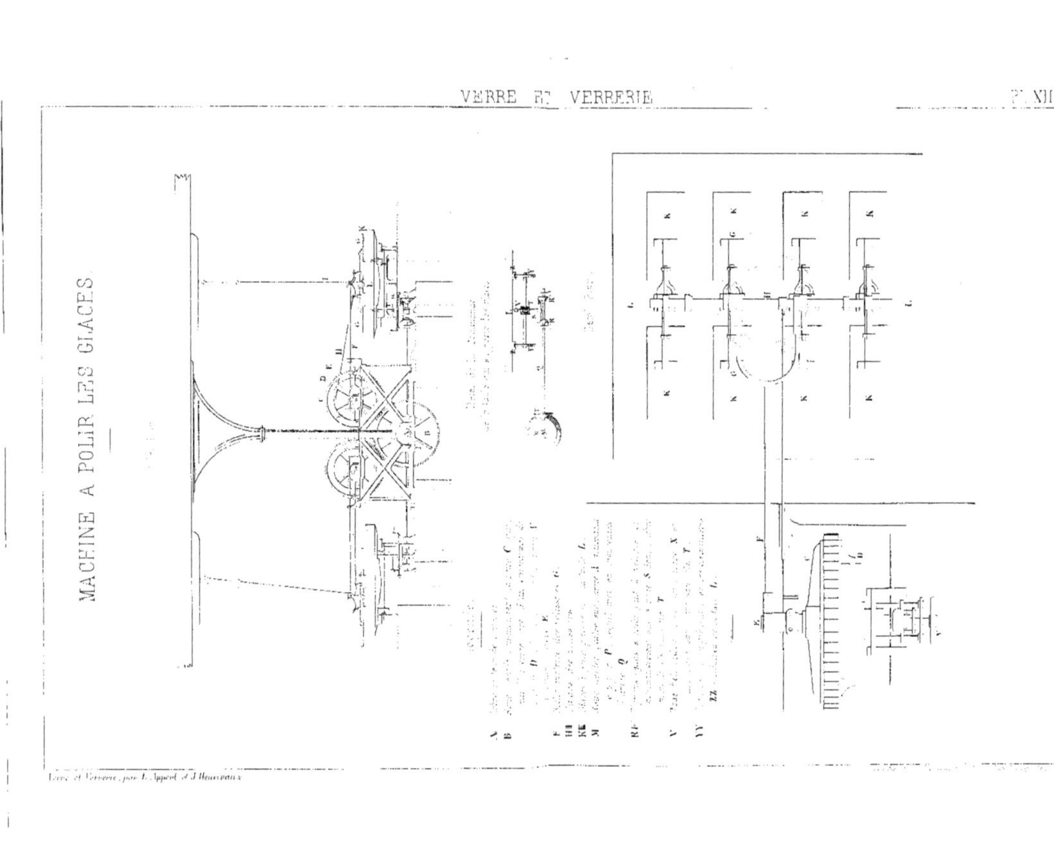
MACHINE A POLIR LES GLACES

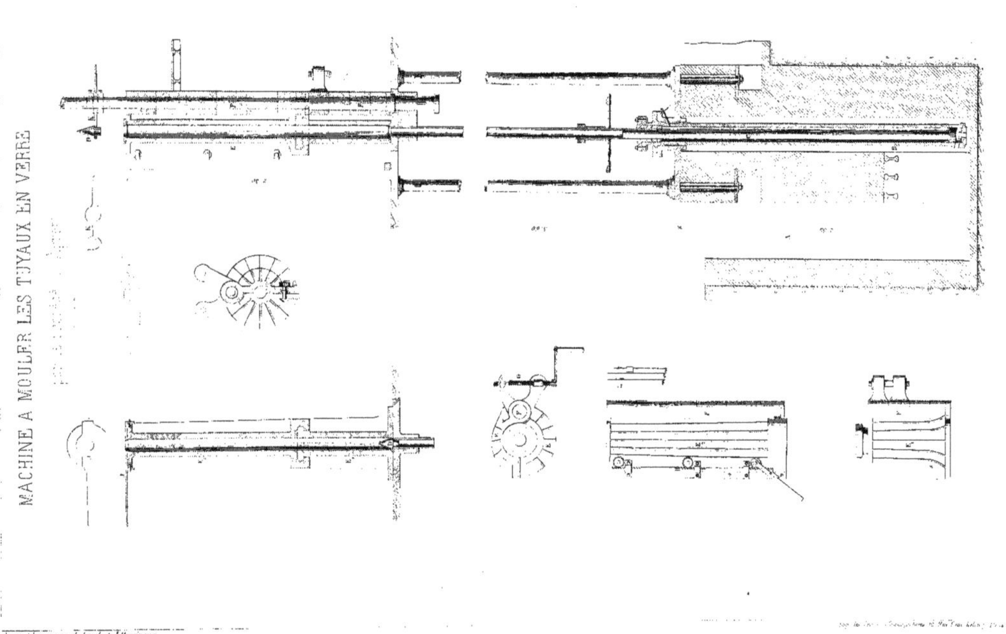

Verre et Verrerie par L. Appert et J. Henrivaux

DISPOSITIF EMPLOYÉ AU DÉBUT DU COULAGE DES GLACES.

(Extrait de l'Encyclopédie de Diderot).

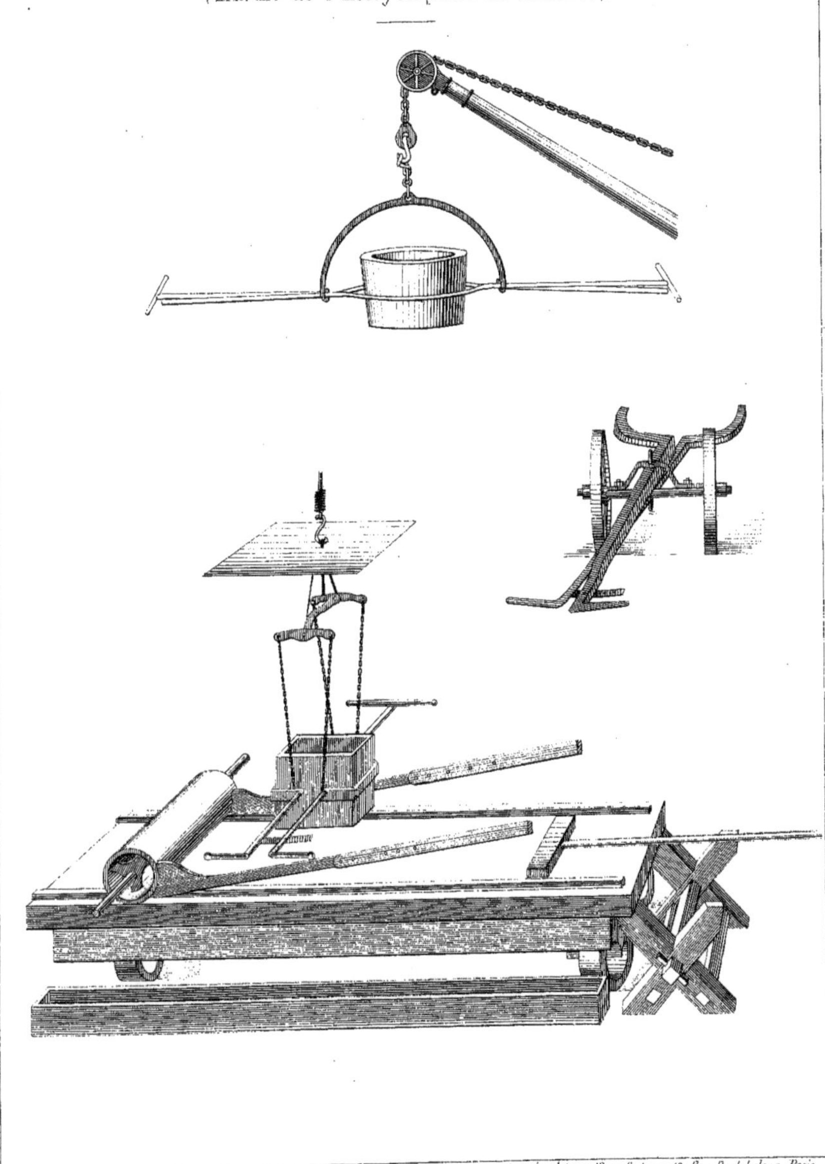

Imp. des Arts et Manufactures, 12, Rue Paul Lelong, Paris.

www.ingramcontent.com/pod-product-compliance
Ingram Content Group UK Ltd.
Pitfield, Milton Keynes, MK11 3LW, UK
UKHW021815190726
13853UKWH00003B/1004